EVASION

DES PRISONNIERS FRANÇAIS

DÉTENUS

A BORD DU PONTON *LA VIEILLE-CASTILLE*,

EN RADE DE CADIX.

DE L'IMPRIMERIE DE PLASSAN, RUE DE VAUGIRARD, N° 15,
DERRIÈRE L'ODÉON.

ÉVASION

DES

PRISONNIERS FRANÇAIS

DÉTENUS

A BORD DU PONTON *LA VIEILLE-CASTILLE*,

EN RADE DE CADIX,

LE 15 MAI 1810;

PAR Mr C****, CAPITAINE EN NON ACTIVITÉ,

MEMBRE DE LA LÉGION-D'HONNEUR.

SECONDE ÉDITION.

A PARIS,

Chez DELAUNAY et PÉLICIER, Libraires, au Palais-Royal.

1819.

ÉVASION

DES PRISONNIERS FRANÇAIS

DÉTENUS

A BORD DU PONTON *LA VIEILLE-CASTILLE*,

EN RADE DE CADIX.

PARMI le grand nombre de traits de courage qui, depuis vingt-cinq ans, ont honoré le nom français, l'évasion des prisonniers détenus à bord du ponton *la Vieille-Castille* est un de ceux qui méritent le plus de fixer l'attention. Si l'on compare, en effet, la nullité presque absolue des moyens d'exécution, avec les obstacles de tout genre qui s'opposaient à la fuite de ces prisonniers, on ne peut s'empêcher d'admirer également et la hardiesse de l'entreprise, et le courage qu'il leur a fallu déployer pour assurer le succès dont elle a été couronnée.

Dans un moment où le public recherche avec empressement tout ce qui peut ajouter à l'éclat de la gloire nationale, il accueillera sans doute avec intérêt les détails d'un évènement dont les journaux n'ont donné qu'une relation trop succincte pour qu'il fût possible de l'apprécier convenablement.

Avant d'entrer dans ces détails, je donnerai une idée de la manière dont les prisonniers vivaient à bord du ponton, ainsi que du traitement qu'ils y éprouvaient; traitement dont la rigueur leur était tellement insupportable que, pour s'y soustraire, ils préférèrent s'exposer à une mort presque certaine, en essayant de recouvrer leur liberté.

Il eût été à désirer qu'une plume plus exercée que la mienne se fût chargée de la publication de ce récit; à son défaut, je ferai en sorte que l'exactitude la plus scrupuleuse dans l'énoncé des faits puisse suppléer, du moins en partie, aux qualités qui me manquent comme écrivain.

Tout le monde connaît le malheureux résultat de la bataille de Baylen. Cette fatale journée fit tomber une quantité considérable d'officiers et de soldats français entre les mains des Espagnols, qui les retinrent prisonniers au mépris de la capitulation suivant laquelle ils devaient être renvoyés en France.

Ces malheureux furent dirigés vers les côtes de l'Andalousie, pour être répartis dans plusieurs cantonnemens sur les bords de la mer; mais à peine y étaient-ils arrivés qu'une partie fut massacrée par les gens du peuple, dont la férocité naturelle occasionne si souvent entre eux les rixes les plus sanglantes (*).

Non moins fanatiques que cruels, ces furieux, associant les cérémonies de la religion aux actes de la plus révoltante barbarie, se faisaient accompagner par des prêtres, et précéder de la croix, pour aller égorger nos malheureux prisonniers.

Ces scènes d'horreurs, inconnues jusque alors chez les nations les moins policées, déterminèrent les autorités espagnoles à réunir les Français sur des pontons, pour les soustraire à la fureur du peuple. Mais le nombre

(*) Les Andalous portent toujours dans leurs guêtres un couteau extrêmement aigu, dont ils se servent pour vider leurs querelles, ordinairement très-fréquentes; et qui le deviennent encore plus lorsque le vent d'Afrique leur apporte ses exhalaisons brûlantes. C'est une opinion accréditée dans le pays que, pendant la durée de ce vent, les assassinats sont fort communs, et que les hommes du peuple éprouvent une espèce de vertige qui les rend très-dangereux.

en était encore si grand que, n'ayant pu être tous rassemblés à bord des six pontons disponibles, le reste, composé de sept à huit mille officiers et soldats, fut jeté sur l'île déserte de Cabrera, près des côtes de la Catalogne, où la plupart périrent misérablement.

J'étais loin de prévoir qu'un enchaînement de circonstances malheureuses me conduirait moi-même du nord de l'Espagne à ces funestes pontons.

Je servais dans un corps d'armée qui occupait en partie les Asturies, lorsque, dans une action, des ordres mal conçus me firent donner, avec deux compagnies de mon régiment, au milieu d'une division espagnole. Notre seule ressource était de faire une trouée à la baïonnette. Cette tentative réussit; mais, moins heureux que mes camarades, un coup de feu, tiré presque à bout portant, me fit tomber au pouvoir de l'ennemi. Dans mon malheur, j'éprouvai encore la consolation de voir le reste de notre petite troupe passer sur le corps à dix-huit cents Espagnols, qui ne purent faire poser les armes à cent dix Français.

Les lâches sont ordinairement cruels : ces mêmes hommes, qui n'avaient pu arrêter une poignée de Français, ne se furent pas plus tôt emparés de moi, qu'ils prirent plaisir à me menacer de la mort et à prolonger mon supplice, en apprêtant à chaque instant leurs armes pour me fusiller. Je ne cherchai pas à les détourner de ce dessein par des prières, que je regardais comme aussi avilissantes qu'inutiles; et j'attendis, avec résignation, la fin d'une scène dont ma mort me paraissait devoir être le dénouement.

Plusieurs jours s'écoulèrent dans cette incertitude, d'autant plus cruelle que les mêmes menaces se renouvelaient encore dans les villages où nous passions. Enfin, après avoir essuyé tous les mauvais traitemens que mes conducteurs se plurent à imaginer pour augmenter mes souffrances, j'arrivai près d'Oviédo, où ils furent obligés de me laisser; ma blessure n'ayant pas encore été pansée, ne me permettait plus de supporter les fatigues de la route. Je demeurai donc prisonnier sur parole, dans un château des environs de cette ville.

Tous les soins qu'exigeait mon état me furent prodigués par mes hôtes, avec une bienveillance qui ne se ralentit pas tant que je demeurai avec eux; je leur paye ici ce tribut de ma vive reconnaissance, avec d'autant plus de satisfaction que leur conduite différait davantage de celle des bourreaux dont j'avais été jusqu'alors entouré.

L'ordre de mon embarquement ne tarda pas à venir mettre un terme à mon repos. Je fus dirigé sur un des ports des Asturies, et conduit à bord du brigantin qui devait me porter à Cadix, avec un détachement de prisonniers qu'on envoyait sur les pontons.

Je n'entrerai pas dans le détail des misères que nous éprouvâmes pendant une traversée de vingt-sept jours. Qu'on se représente seulement nos malheureux soldats, les fers aux pieds, rangés sur quatre lignes, dans une cale étroite, et privée d'air; les uns à demi couchés sur les courbes du bâtiment; les autres étendus sur le dos, sans qu'il fût possible à aucun de changer une position que les mouvemens du vaisseau les obligeaient de conserver, malgré la gêne qu'ils en ressentaient. C'est dans cet état que ces infortunés restèrent un mois entier en proie à tous les genres de privations, au milieu des exhalaisons empestées qui se développaient autour d'eux, et ne recevant chaque jour pour nourriture qu'un biscuit et quelques haricots à moitié cuits.

Le premier jour de cette pénible navigation les Espagnols nous prévinrent que la cuisine, embarquée pour le service des Français qui étaient à bord, venait d'être emportée par un coup de mer. Ce contre-temps, réel ou supposé, vint encore aggraver notre situation. Les matelots, pour éviter autant que possible d'employer leur cuisine à notre usage, se servaient du plus léger prétexte pour se dispenser de faire cuire nos alimens. Ainsi dès que le vent forçait un peu, celui qui était chargé de la distribution des vivres nous criait, en entr'ouvrant l'écoutille de la soute au charbon dans laquelle les officiers étaient renfermés : « *Messieurs les officiers, mauvais temps.* » Et, dans ce cas, notre ration n'était plus que d'un biscuit et d'un morceau de morue sèche, qu'on nous jetait, en nous avertissant que si le temps ne changeait pas, cette faible ration serait encore réduite à moitié le lendemain.

En arrivant sur la rade de Cadix on me conduisit à bord du ponton *la Vieille-Castille,* destiné aux officiers.

Tout est objet de comparaison dans la vie, le bien et le mal sont relatifs. A la cale infecte de nos pauvres soldats, je préférais naguère la soute au charbon, qui me servait de prison sur le brigantin; mais son séjour me parut affreux quand je le comparai à celui qui m'était destiné. Notre ponton, ancien vaisseau de soixante-quatorze canons, me semblait un vaste palais; il m'offrait une promenade spacieuse. Mon sang était rafraîchi par l'air pur que je respirais sur le pont; enfin le plaisir d'embrasser quelques-uns de mes anciens camarades de l'École-Militaire, que je retrouvai en arrivant à bord, me fit oublier, pour un moment, la perte de ma liberté, et me permit d'admirer le magnifique tableau qui se déroulait autour de moi.

La baie de Cadix est d'une étendue fort considérable; elle a dix à douze lieues de circonférence. Elle est bornée par la mer à l'est et au nord, et couverte d'ailleurs par des montagnes. Le point de vue en est majestueux et imposant : la vue se porte à-la-fois sur la ville de Cadix, sur son port, et sur une immense étendue de mer. Les contours en sont embellis par des habitations isolées, par des magasins, des maisons de campagne, des édifices publics, et des peuplades qui les bordent et s'y multiplient. On y voit, entre autres, l'*Ile de Léon*, la nouvelle ville de *San-Carlos*, la *Caraca* ou l'arsenal de la marine, le village de *Chiclana*, la ville de *Puerto-Real*, et celles de *Puerto de Santa-Maria* et de *Rota*. Cette baie est défendue par les forts de Saint-Sébastien, Matagorda et le Pontal; le premier situé aux portes de Cadix, et les deux derniers à l'entrée de l'arsenal. Une multitude de barques animent cette scène déjà si riche, et contribuent, par la variété de leurs mouvemens, à faire de la baie de Cadix un des plus magnifiques coups-d'œil dont on puisse se former une idée.

Le charme qui m'avait séduit ne fut cependant pas de longue durée. Il était six heures du soir quand on me déposa sur le ponton, et, peu d'instans après mon arrivée, une altération causée par l'acre salaison que je venais de manger dans le brigantin, m'obligea de demander un verre d'eau à l'un de mes camarades. « Ce serait avec grand plaisir que je te satisferais, me dit-il, si cela était en mon pouvoir, mais il est tard, toutes les rations sont consommées, et l'on ne trouverait pas en ce moment une goutte d'eau dans le vaisseau. Tu n'en seras pas surpris quand tu sauras que chaque officier reçoit par jour une ration d'eau qui contient à-peu-près deux verres : une moitié est destinée à faire la soupe, et l'autre se partage pour le déjeûner et le dîner. Juge donc à présent si, nos repas terminés, il nous est possible de te donner ce que tu désires. »

Ce début détruisit entièrement les illusions par lesquelles je m'étais laissé éblouir, et me fit voir que le théâtre seul de mes souffrances était changé.

Ne pouvant donc apaiser la soif qui me dévorait, je cherchai à détourner mon attention sur quelque autre objet, en priant mon compagnon d'infortune de me montrer les différentes parties du ponton, et de me faire connaître la discipline qu'on y observait à l'égard des prisonniers, et le genre de vie auquel j'allais être assujéti. Il y consentit.

Après avoir parcouru ensemble les deux batteries et la cale, mon ami me donna à-peu-près en ces termes un aperçu des tourmens que je devais partager à l'avenir, et qu'il endurait lui-même depuis plus de dix-huit mois.

« Les prisonniers qui avaient échappé aux poignards des Espagnols et à la famine de l'île de Cabrera, ne purent se soustraire aux vexations de toute nature qui les attendaient sur les pontons. Soumis en arrivant à des visites rigoureuses, on s'empara du peu d'argent qu'ils possédaient encore, dans la crainte, disait-on, qu'ils ne s'en servissent pour séduire leurs gardiens. Ces recherches se firent avec tant de sévérité, qu'on forçait les prisonniers à quitter tous leurs vêtemens; les femmes mêmes ne furent point exemptes de cette obligation.

» Depuis ce temps, les mesures les plus tyranniques n'ont pas cessé d'être mises en usage pour aggraver, s'il se pouvait encore, le sort des malheureux détenus. Ils sont obligés de se conformer aux volontés du commandant du ponton, qui n'est autre qu'un sergent, sale et déguenillé, affectant, malgré les haillons dont il est couvert, toute la gravité que réclame l'importance de ses fonctions. Ce misérable se fait traiter de *Senor sargento* par tous ceux qui lui adressent la parole. C'est un despote qui fait mouvoir à sa volonté quatre ou cinq cents officiers; les obligeant à monter sur le pont ou à descendre dans leur poste au gré de son caprice et à quelque heure que ce soit. Nous ne souffrons pas ces humiliations sans avoir été tentés vingt fois de jeter notre homme à la mer; mais jusqu'ici la raison a prévalu, et bien souvent, le premier mouvement passé, nous ne pouvons nous empêcher de rire de la morgue ridicule de ce petit tyran.

» Quant aux vivres, nous sommes ici dans une disette perpétuelle. Pour se débarrasser de toutes les réclamations qui ne manqueraient pas de lui être adressées par les prisonniers, sur la quantité et la qualité des vivres, s'il se chargeait de nous les fournir, le gouvernement espagnol s'est déterminé à donner une paye de huit réaux (environ quarante-deux sous) par jour aux officiers subalternes, et de vingt réaux (cinq francs cinq ou six sous) aux officiers supérieurs. Cette somme paraît au premier coup-d'œil devoir suffire à tous nos besoins; mais comme un seul pourvoyeur a le privilège de nous vendre des vivres, nous sommes forcés de les prendre au taux qu'il lui plaît de fixer. Il est toujours exorbitant, parce que le gouvernement, pour faire rentrer dans ses mains la plus grande partie de notre solde, n'accorde ce privilège qu'à des conditions très-onéreuses.

» Il ne faut pas s'étonner si ce monopole subsiste malgré nos plaintes réitérées, puisque l'autorité trouve si bien son compte à le maintenir en vigueur.

» C'est par une suite de ce règlement qu'on nous fait payer le pain dix sous la livre, et la viande fraîche quatre francs.

» Ce dernier article est donc banni de notre table. Pour vivre plus économiquement, nous formons des réunions de huit à dix officiers. Notre ordinaire se compose, le matin, de haricots ou d'autres légumes du prix le moins élevé, auxquels nous ajoutons, pour le dîner, deux onces, par homme, soit de bœuf salé, soit de lard, avec une soupe aussi abondante que nous le permet un verre d'eau dont nous disposons chacun pour cet objet et pour la cuisson des légumes de la journée. Ces diverses dépenses, jointes à l'achat du pain, dont il faut tous les jours une livre par homme, et la retenue qui nous est faite pour l'eau, absorbent entièrement notre paye, et nous ôtent ainsi la faculté de subvenir aux autres besoins de la vie.

» Cependant, si un prisonnier doit avoir assez de santé pour être en état de résister à ces privations, il lui faut encore plus de courage pour supporter patiemment les excès auxquels les Espagnols se portent continuellement à notre égard. Le fait suivant, arrivé depuis peu de jours, suffira pour en donner une idée. Une embarcation montée de plusieurs personnes passait à peu de distance de notre ponton. Nous ne répondions que par le silence du mépris aux menaces et aux invectives qu'elles proféraient contre nous, lorsqu'un homme bien vêtu, se levant tout-à-coup du milieu de cette barque, eut la lâcheté de tirer sur nous avec le fusil de chasse dont il était armé. Quelques prisonniers furent atteints par les grains de plomb; mais c'étaient des Français, peu importait qu'ils fussent assassinés: l'autorité ne prit donc aucune mesure pour découvrir et punir l'auteur de cet attentat digne d'un cannibale.

» Tel est, ajouta mon ami, le régime et le traitement auxquels il faut te soumettre; tu apprendras bientôt, par expérience, si j'ai trop chargé le tableau de nos misères. »

Je le remerciai de sa complaisance, en lui faisant observer néanmoins qu'en me donnant ces détails, il avait oublié un point d'une grande importance pour moi dans ce moment: c'était de m'indiquer un endroit où je pusse coucher.

« Une nuit est bientôt passée, reprit-il; demain on y pourvoira : les officiers sont convenus de s'imposer une retenue, qui sert à donner à chaque prisonnier arrivant une somme de douze francs pour acheter un hamac. On te remettra cet argent, et le pourvoyeur se chargera de t'en procurer un d'ici à trois ou quatre jours. En attendant, choisis pour te coucher un emplacement convenable (en parlant ainsi, il me montrait du doigt le plancher sur lequel nous marchions). Tu ne te trouves pas seul dans une pareille nécessité: plus de cent cinquante de nos camarades n'ont pas d'autre lit depuis dix-huit mois, et leur sommeil est aussi profond que s'ils reposaient sur le duvet. En arrivant ici nous n'avons pas eu l'avantage dont nous faisons jouir les nouveau venus : ceux qui manquaient d'argent, ou que les visites en dépouillèrent, n'eurent pas plus que toi le choix du parti à prendre. »

De tous les maux dont je venais d'entendre le récit, ce dernier était, sans contredit, celui auquel j'étais le moins sensible. Je quittai donc mes camarades, et m'en fus chercher dans le ponton un coin, où je passai tranquillement la nuit.

Mon séjour à bord du brigantin avait été pour moi une sorte d'apprentissage, qui me donna la possibilité de me soumettre à la rigueur de ma destinée avec moins de difficulté qu'un autre ne l'eût peut-être fait à ma place; et quelques jours suffirent pour m'y accoutumer, du moins en partie.

Au milieu de nos tourmens la disette seule ne se faisait pas ressentir avec autant d'incommodité que je l'avais imaginé. La cupidité des Espagnols l'emportait, à cet égard, sur le plaisir qu'ils eussent goûté à accroître nos souffrances; et en lui payant chaque chose dix fois au-delà de sa valeur, notre pourvoyeur nous approvisionnait assez passablement des denrées d'une nécessité indispensable.

Nous étions aux derniers jours de mars lorsque nous aperçûmes, avec un ravissement difficile à concevoir, les drapeaux français flotter près de Sainte-Marie, et nos troupes se répandre sur la côte aux environs de cette ville. Les mouvemens extraordinaires qui suivirent cette apparition nous firent pressentir les approches d'un grand corps d'armée. En effet, on nous apprit bientôt que le maréchal duc de Bellune se proposait de faire le siége de Cadix.

Cet évènement eut une grande influence sur le moral des prisonniers, et jeta dès-lors dans leur esprit les germes d'un projet que d'autres circonstances devaient bientôt développer entièrement.

Les fatigues excessives de ma traversée des Asturies à Cadix, et la mauvaise qualité des alimens qui nous étaient distribués pendant cette navigation, ne parurent d'abord causer aucune altération sensible à ma santé; néanmoins le régime du ponton n'étant pas de nature à arrêter les progrès du mal, je ne tardai pas à ressentir tous les symptômes d'une maladie violente. Le développement en fut rapide : au bout de quatre jours je n'apercevais déjà plus qu'à travers un épais brouillard les objets placés autour de moi. Mes camarades me prodiguèrent tous les faibles secours qui étaient en leur pouvoir; mais ils reconnurent bientôt l'impossibilité où ils étaient de me garder plus long-temps parmi eux, et ils se décidèrent à me faire transporter au ponton destiné à servir d'hôpital; les prisonniers étant condamnés à ne pas toucher la terre, même après leur mort. Le lendemain lorsque le canot vint me prendre, on me tira de mon hamac, et l'on me glissa, à l'aide d'une corde, dans l'embarcation, où je trouvai plusieurs compagnons d'infortune; ils allaient, comme moi, chercher la santé dans un lieu où la mort exerçait ses plus cruels ravages.

Je m'abstiendrais de parler de mon séjour à bord de ce nouveau ponton, si ce récit ne me donnait pas occasion de compléter par là le tableau des cruautés exercées envers les prisonniers français, et de faire voir, d'une manière évidente, que la guérison de ces infortunés n'était pas le but que les Espagnols se proposaient d'atteindre en les privant des plus légers secours que réclamaient également l'humanité, et la rigueur de leur situation.

Le déplacement occasionné par le trajet d'un ponton à l'autre, joint à l'impression du grand air que je venais de respirer, ranimèrent un peu mes forces; mais ce fut seulement pour quelques instans. En arrivant on me descendit dans la batterie, qui était le poste des officiers; mon premier soin fut de prier un infirmier de m'indiquer un lit, dont j'avais le plus grand besoin. Cet homme me montra cinq ou six planches, supportées par des tréteaux, et couvertes d'une mauvaise paillasse, qu'un prisonnier venait de quitter après y avoir trouvé le terme de ses souffrances; il fallut m'en contenter. Sans vêtemens, éprouvant de violens frissons, et n'ayant rien pour me réchauffer, je demandai une couverture; il n'y en avait pas, et ce ne fut qu'après les plus vives instances qu'on m'accorda, par grâce, une seconde paillasse, sous laquelle je me plaçai.

Je fus cinq jours dans un anéantissement total, ne recevant d'autres secours que ceux que je devais à la commisération de mes voisins. Ils me firent prendre, durant cet intervalle, un peu de jus d'orange dans de l'eau; seule boisson dont ils ne fussent pas entièrement privés. Au bout de ce temps la fièvre me laissa un peu de relâche; je demandai si le médecin ne pourrait pas venir me visiter, et j'appris qu'il n'y avait pas manqué un seul jour; qu'il avait indiqué en outre les remèdes convenables à mon état; mais que, le pharmacien étant absolument dépourvu de médimens, même les plus simples, il n'avait pas été possible de me donner le moindre secours.

Privé d'espoir de ce côté, je m'en remis à la nature du soin d'opérer ma guérison, bien résolu de ne pas attendre ma convalescence pour m'empresser de quitter ce lieu, où la corruption de l'air était à elle seule capable d'entretenir la mortalité.

J'ignorais encore à quel point elle était parvenue, lorsqu'une circonstance, dont je fus témoin, me mit bientôt à même d'en juger. J'aperçus pendant la nuit plusieurs hommes, pesamment chargés, ouvrir un des sabords de la batterie, et faire couler leur fardeau à la mer; cette manœuvre se renouvela dix-huit fois. J'appris le lendemain que les infirmiers venaient ainsi, toutes les nuits, jeter à la mer les corps des malheureux que la mort avait frappés, et dont le nombre était souvent plus considérable que je ne l'avais remarqué.

La petite frégate qui servait de ponton d'hôpital ne pouvant pas contenir trois cents personnes, j'eus dès-lors la preuve évidente que plus de la vingtième partie des malades périssait chaque jour. Je cessai cependant d'être étonné de cette quantité prodigieuse de victimes, quand une observation attentive m'eut fait connaître depuis les divers élémens de destruction rassemblés sur un point aussi peu étendu.

Les soldats, renfermés en trop grand nombre à bord de leurs pontons, couchés sur le plancher, et nourris avec un peu de pain noir et de riz cuit dans l'eau, se trouvaient dans un état d'épuisement qui les rendait incapables de supporter les atteintes de la maladie; et lorsqu'elle se déclarait dans ces corps exténués, ils succombaient peu de jours après leur entrée à l'hôpital.

Il paraîtrait naturel de penser que les Espagnols, refusant aux malades toute espèce de médicamens, les auraient du moins assujétis à ce régime facile et peu coûteux, la diète; ils en agissaient autrement. Par une contradiction dont il est aisé de saisir le motif, la nourriture, que le prisonnier recevait ordinairement en petite quantité, était prodiguée, pour ainsi dire, s'il arrivait qu'il tombât malade. On lui donnait alors une double ration, que le malheureux ne manquait pas de consommer entièrement, en compensation de son abstinence passée; et très-souvent cette imprudence lui coûtait la vie.

L'eau prise inconsidérément donnait lieu à des accidens encore plus fréquens; elle était à discrétion, dans un tonneau placé sur le pont, à portée de tous les malades qui voulaient en puiser : j'en ai vu plus d'un, consumé par la fièvre, venir tout en sueur à ce fatal tonneau, se gorger de boisson, sans pouvoir apaiser la soif ardente dont il était dévoré, et se traîner ensuite vers son grabat, sur lequel il expirait bientôt après.

Mais de quels sentimens d'horreur n'était-on pas saisi en approchant de ce gouffre nommé la *cale*, d'où les gémissemens des malheureux s'échappaient continuellement avec les vapeurs brûlantes et infectes qui s'y renouvelaient sans cesse! C'est dans ce vaste sépulcre que les soldats étaient précipités et entassés, sans distinction de maladies, sur des paillasses à moitié pourries, où des milliers de victimes se succédaient avec rapidité. La lumière du jour ne pénétra jamais dans cet antre homicide, et ses profondes ténèbres n'étaient troublées que par la lueur de la lampe dont les infirmiers se servàient pour venir séparer les morts d'avec les vivans.

Lorsque j'eus acquis une entière connaissance de ces causes de mortalité, je ne fus plus surpris que d'une chose, c'est qu'un seul être pût sortir vivant de ce fatal ponton.

Les prisonniers adressèrent, à plusieurs reprises, de nombreuses réclamations aux autorités espagnoles pour obtenir quelques adoucissemens à leur infortune; ce fut en vain: le tout se borna à la rédaction de quelques procès-verbaux, dont ils n'entendirent plus parler.

Mes forces commençaient à revenir. L'usage le plus fréquent que j'en faisais, c'était pour me promener sur le pont. Ce lieu aéré me convenait mieux que l'intérieur du bâtiment. Je m'occupais souvent à considérer de là cette double ligne de vaisseaux de guerre anglais et espagnols qui nous entouraient de tous les côtés à portée de la voix, et dont l'aspect augmentait encore l'amertume de mes réflexions.

La vue délicieuse de la ville de Cadix suspendait quelquefois ces tristes pensées; je prenais plaisir alors à contempler ses maisons surmontées de plates-formes, couvertes de fleurs et d'arbustes, dont la verdure présente le coup-d'œil d'un jardin au-dessus de la ville, et contraste agréablement avec la blancheur des murs et la teinte rosée de quelques édifices.

J'étais un jour occupé à considérer ces divers spectacles, quand tout-à-coup des cris confus se font entendre à bord de *la Vieille-Castille*, et fixent notre attention de ce côté; nous apercevons des hommes luttant dans la barque du pourvoyeur qui était le long de ce ponton, et nous distinguons un grand mouvement sur les bâtimens les plus rapprochés, dont on s'empresse de mettre les embarcations à la mer. Mais dans l'instant la voile de la barque est hissée, et elle s'éloigne rapidement. Deux ou trois décharges de coups de fusils ne peuvent l'arrêter, et servent à nous faire savoir que quelques-uns de nos camarades viennent d'échapper à nos persécuteurs. Nos vœux accompagnent les fugitifs, et c'est avec un plaisir difficile à concevoir que nous les voyons aborder au milieu des Français, sur la plage, aux environs de Sainte-Marie.

Tout cela avait été l'affaire d'un instant. Quelques heures après, une chaloupe, venant de *la Vieille-Castille*, amena des malades qui nous donnèrent quelques détails sur l'évènement dont nous venions d'être témoins. Nous apprîmes que le capitaine Grivelle et vingt-cinq officiers et marins de la garde impériale s'étaient emparés de la barque du pourvoyeur, à l'aide d'une ruse qui avait parfaitement réussi. M. Grivelle était convenu d'entrer dans cette barque avec quelques-uns de ses amis, sous le prétexte d'acheter des provisions, tandis que les autres se tiendraient prêts à sauter dedans par les sabords du ponton, au signal convenu entre eux. Un succès complet avait été le fruit de leur tentative.

Cet incident augmenta encore mon désir de retourner à bord de *la Vieille-Castille*; il me semblait que sur ce ponton je toucherais de plus près au moment de ma liberté. J'étais à l'hôpital depuis vingt jours : je venais d'essuyer une maladie des plus graves, dont la force de mon tempérament me tira heureusement; et quoique je ne fusse pas encore rétabli, je n'en sollicitai pas moins vivement ma sortie, et je l'obtins le lendemain.

L'enlèvement de la barque du pourvoyeur avait produit une grande fermentation parmi les prisonniers, et l'heureux succès de cette entreprise était l'objet de tous les entretiens lorsque j'arrivai sur *la Vieille-Castille*. Tous les regards se tournaient du côté de Sainte-Marie, où nous apercevions les uniformes français : nous n'en n'étions éloignés que de deux lieues, et il fallait renoncer peut-être pour jamais au bonheur de nous retrouver parmi nos compatriotes.

Quelques-uns de nos camarades ne purent supporter cette idée douloureuse : plusieurs d'entre eux, comptant sur leurs propres forces, se jetèrent à la mer, pendant la nuit, pour gagner la côte; d'autres, plus prudens, imaginèrent de s'attacher sous les bras des gourdes vides, pour s'en aider pendant le trajet, qui était fort long, et que la fraîcheur de l'eau rendait encore plus périlleux.

Cette témérité devint funeste à tous. Le lendemain matin nous vîmes flotter sur l'eau les corps de nos malheureux amis, les uns morts de fatigue, les autres inhumainement massacrés à coups de gafe par les chaloupes de ronde.

Un exemple aussi effrayant ne put arrêter les plus forts nageurs, et la plupart succombèrent successivement dans l'exécution de ce moyen d'évasion.

Ces tentatives réitérées excitèrent la fureur du gouverneur de Cadix : non content de faire égorger impitoyablement ceux des prisonniers qui cherchaient à s'échapper, il voulut encore assouvir sa vengeance sur ceux qui restaient entre ses mains. On vit paraître un ordre du jour, portant en substance que toutes les fois qu'un prisonnier s'évaderait, le sort en désignerait deux de son grade qui périraient sur l'échafaud. Le même ordre prescrivait, entre autres mesures de police, celle de fermer les sabords aussitôt qu'une barque approcherait d'un ponton.

Depuis ce moment les embarcations ne vinrent plus que montées par des soldats armés, dont la contenance décelait le désir de faire feu sur quiconque se trouverait en contravention avec les ordres publiés. Ils rencontrèrent bientôt l'occasion d'exercer leur barbarie sur un soldat qu'ils renversèrent à mes pieds d'un coup de fusil parce que ce malheureux ne s'était pas retiré à temps lors de l'arrivée de leur chaloupe. Sa blessure n'eut heureusement aucune suit fâcheuse.

Vers cette époque, nous fûmes assaillis par une de ces tempêtes qui portent la terreur dans l'ame des plus intrépides. Plusieurs vaisseaux espagnols et anglais furent désemparés, d'autres jetés à la côte, et tous, plus ou moins maltraités, filèrent leurs câbles pour lutter avec plus d'avantage contre la fureur de la mer et du vent. Nos pontons seuls, n'offrant aucune prise à ces deux élémens, restèrent impassibles au milieu de ce bouleversement général.

L'abandon absolu où nous restâmes pendant les cinq jours que dura cette tempête, nous fit connaître encore mieux le peu d'importance que les Espagnols mettaient à notre conservation; et nous commencions à souffrir cruellement du manque de vivres, quand les Anglais vinrent les premiers nous apporter des secours.

Notre proximité de l'armée française nous avait déjà fait concevoir quelque idée vague de la possibilité de recouvrer notre liberté; mais l'exemple que nous avions sous les yeux de vaisseaux jetés à la côte par la force du vent, fut un trait de lumière qui fit naître la pensée d'examiner si, par un fort vent de mer, on pouvait espérer de faire échouer notre ponton, qui tirait peu d'eau, assez près de terre pour débarquer sans un danger certain, à l'aide d'un radeau.

Toutes les conversations roulèrent bientôt sur ce projet; mais ici comme dans toutes les réunions d'hommes, les avis furent partagés. Les uns ne voyant que des difficultés, n'admettaient la probabilité d'aucune chance heureuse; les autres trouvaient si peu d'obstacles à vaincre que le secours de la marée leur paraissait seul nécessaire pour réussir. Enfin, le plus grand nombre voulaient, avec raison, s'en rapporter à la décision des marins.

Quoique l'opinion de ceux-ci fût en faveur du projet, elle ne convainquit pas les plus obstinés, qui persistèrent dans leur opposition.

Lassés de tous ces débats, quelques officiers de marine et de ligne arrêtèrent entre eux qu'à la première nuit favorable le projet serait mis à exécution, persuadés que le danger réunirait tout le monde, et que chacun travaillerait alors avec la même ardeur pour le salut commun. L'évènement justifia leur attente.

Cependant les plus déterminés ne voyaient pas arriver sans une sorte d'appréhension le moment qui devait décider de notre sort; et dans cet instant critique, ils ne pouvaient se dissimuler le danger de l'entreprise. Notre ponton était, comme je l'ai dit, mouillé au milieu des escadres espagnoles et anglaises, placées elles-mêmes sous les batteries de Cadix. L'artillerie française avait obligé tous ces bâtimens à se concentrer de façon que nous devions éprouver les plus grandes difficultés pour franchir la double ligne qu'ils formaient autour de nous.

Enfin, le 15 mai 1810, à huit heures du soir, les câbles furent coupés; on s'empara des quatorze Espagnols de la garde de police, et leurs fusils armèrent autant de prisonniers. Nous étions près de huit cents hommes à bord; il fallait trouver des armes, chacun s'empara de ce qu'il jugea convenable pour lui en tenir lieu. Les uns arrachaient des éclats de bois, les autres redressaient les cercles de fer des barriques à eau. On apportait sans relâche sur le pont tous les boulets et les gueuses qui servaient de lest au ponton; en un mot, on préparait tout ce qui pouvait nous donner les moyens de résister à la marine espagnole et anglaise, auxquelles nous allions bientôt avoir affaire.

Au moment où l'on coupa les câbles, un vent frais nous fit dériver vers la terre, et nous avions déjà passé entre deux vaisseaux espagnols quand nous nous trouvâmes présenter le travers à une corvette anglaise qui nous barrait le passage. Elle fut d'abord trompée comme les autres par la précaution que nous avions prise de crier que nos câbles se rompaient, et elle se préparait à nous éviter, lorsqu'un officier de hussards qui était sur notre pont, lui cria en anglais que si elle ne livrait pas le passage nous allions sauter sur elle et nous en emparer. Cette menace fit comprendre à l'Anglais que nous cherchions à nous évader, et nous attira une bordée de toutes les armes à feu qu'il avait de disponibles. Toutefois, comme nous avancions toujours, et que notre bord était élevé de quinze pieds au-dessus de la corvette, elle craignit d'être coulée si nous l'abordions, et pour son propre salut elle fila son câble assez à temps pour nous laisser passer.

A peine avions-nous franchi ces obstacles que le vent mollit tout-à-coup, et nous laissa en calme à une demi-portée de fusil de la flotte.

Notre situation était des plus critiques : les vaisseaux se contentaient encore à la vérité de nous tirer quelques coups de canon à mitraille; mais si le vent ne fraîchissait pas, nous pouvions être repris par les embarcations légères qu'on s'apprêtait, sans doute, à détacher contre nous.

Nous étions dans cette anxiété lorsque nous perdîmes un de nos braves camarades, M. Moreau, lieutenant de vaisseau. Depuis le commencement de l'action il avait pris le commandement du ponton, et s'était toujours tenu sur la dunette pour mieux observer ce qui se passait. La mitraille des Anglais l'emporta dès les premiers coups. Nous fûmes d'autant plus sensibles à sa perte, qu'il avait puissamment contribué à faire adopter le projet d'évasion.

Une brise légère commençant enfin à s'élever, on apporta sur le pont tout ce qui pouvait nous mettre en état d'en profiter. A l'aide de quelques manœuvres on étendit les couvertures et les hamacs, qu'on orienta de la manière la plus favorable, et l'espérance commença à renaître quand nous vîmes le bâtiment marcher un peu.

Nous eûmes à peine achevé ce travail, qu'il

fallut songer à combattre deux chaloupes anglaises qui s'approchaient. Manquant d'armes, sur un bâtiment sans agrès, nous n'en fîmes pas moins toutes nos dispositions pour les recevoir; chacun prit son poste, et nous nous préparâmes à soutenir l'attaque d'un ennemi bien armé, pourvu de pierriers, et secondé encore par l'artillerie de la flotte.

Dans cette lutte inégale, l'amour de la liberté soutenait notre courage; et nous résolûmes de périr plutôt que de retomber dans les fers que nous venions de briser.

Les Anglais commencèrent par quelques coups de pierriers sans effets, suivis d'une vive fusillade qui nous tua ou blessa plusieurs hommes. Leur feu étant trop supérieur au nôtre, nous nous décidâmes à les attendre à l'abordage, qu'ils ne tardèrent pas à tenter. Le combat ne fut pas long : au moment où ils s'approchèrent du ponton, nous fîmes pleuvoir dans leurs chaloupes une grêle de boulets et de gueuses que nous tenions prêts à cet effet. Les Anglais ne pouvant soutenir ce choc, auquel ils ne s'attendaient pas, se retirèrent un peu; mais ils étaient si maltraités, que le feu de nos quatorze fusils les obligea de s'éloigner entièrement.

Cependant le vent continuait à fraîchir, et nous poussait vers la côte sur laquelle nous gouvernions du mieux possible, espérant toujours que les Français viendraient nous secourir, attirés par le bruit du canon que les Anglais ne cessaient de tirer sur nous.

Après avoir mis quatre heures à faire un trajet d'une lieue, le vaisseau toucha, vers minuit, entre le fort de Matagorda et le port de Sainte-Marie.

Nous ne fûmes point inquiétés le reste de la nuit. Le bâtiment étant échoué à marée haute, nous avions l'espérance de n'être pas fort éloignés de la terre quand la mer se serait retirée, et de pouvoir ainsi sauver tout notre monde, lors même que nous serions livrés à nos propres moyens. Deux officiers étaient successivement partis à la nage pour se rendre aux avant-postes français, dont on apercevait distinctement les feux; mais nous ignorions si nos camarades étaient arrivés heureusement, et si l'on s'occupait de nous apporter des secours. Enfin, exténués de fatigues, plusieurs d'entre nous s'endormirent tandis que les autres veillaient sur le pont en attendant les évènemens que le jour devait amener.

Une partie de ceux qui savaient nager quittèrent le ponton avant le jour, en promettant de revenir bientôt.

A deux heures du matin on se mit à l'ouvrage pour construire un radeau. L'intention était d'établir un va-et-vient qui pût aider à son retour, et de sauver par ce moyen tous ceux qui, ne sachant point nager, se pressaient en foule sur le pont dans l'attente de leur destinée.

A cinq heures le radeau fut prêt, et, le jour commençant à paraître, on embarqua les femmes, les enfans et les gens âgés.

Les Anglais avaient fait approcher, pendant la nuit, deux bombardes, montées chacune de deux mortiers, et une vingtaine de chaloupes canonnières, qui formaient un demicerle derrière nous, et n'attendaient que le jour pour commencer leur feu.

A peine les amarres du radeau furent-elles coupées, que les premiers coups de canon des chaloupes se firent entendre, et servirent de signal au fort du Pontal, qui dirigea son feu sur le point de débarquement, tandis que les Anglais tiraient sur nous et sur le radeau.

Qu'on se représente cent personnes, la plupart femmes et enfans, dans l'eau jusqu'aux genoux, sur un radeau que leur poids faisait enfoncer, et n'ayant rien pour se diriger sur une mer houleuse, que le secours de quelques nageurs qui s'efforçaient de les pousser vers la terre!

Les gens du radeau tenaient une drisse, que ceux du ponton devaient laisser filer, afin qu'on pût l'amarrer à terre, et qu'elle servît à faciliter le retour; mais, au moment du départ, quelques coups de canon ayant mis de la confusion sur le radeau, on lâcha la drisse, et les malheureux qui étaient encore sur le ponton perdirent tout espoir de salut. En vain quelques nageurs essayèrent-ils de réparer cet accident, ils ne purent jamais parvenir à se faire entendre des hommes du ponton, dont les cris augmentaient encore le désordre.

Mais rien ne peut égaler la fureur dont ils furent transportés, lorsqu'ils virent qu'après leur débarquement, les gens du radeau l'abandonnaient au gré des flots. Quelques-uns, ne pouvant supporter l'excès de leur désespoir, se précipitèrent dans la mer, préférant une mort certaine à la crainte de retomber au pouvoir des ennemis. Par un sort plus funeste, la force du courant entraîna vers les Espagnols deux officiers qui s'étaient embarqués sur la moitié d'une barrique à eau.

Le feu des Anglais continuait sans relâche; toute espérance paraissait perdue, lorsque, par un dévouement et une générosité qu'on ne saurait trop admirer, M. Forax, chef d'escadron, vint nous retrouver à la nage; il nous avait quittés pendant la nuit pour se rendre au grand quartier général, d'où il arrivait. Les ordres de nous envoyer des embarcations avaient été expédiés devant lui, et c'était pour nous en donner l'assurance qu'il n'avait pas craint d'exposer une seconde fois sa vie. Cette nouvelle inattendue rétablit le calme et la confiance dans les esprits; et l'on vit repartir M. Forax avec la persuasion qu'il hâterait de tout son pouvoir les secours qu'il nous annonçait.

Mais une heure après son départ les inquiétudes commencèrent à se renouveler: le danger croissait à tout moment, et rien n'indiquait encore qu'on s'occupât de notre délivrance.

Le bâtiment présentait l'image de la désolation. Nous étions au nombre de six cents rassemblés sur le pont, mesurant de l'œil le court espace qui nous séparait de la terre, sans qu'il fût en notre pouvoir de le franchir. Nous foulions aux pieds des débris de vêtemens de toute espèce; les membres sanglans de ceux qui avaient été tués par le feu de l'ennemi étaient répandus çà et là; et le sort de ces infortunés nous semblait encore moins cruel que le nôtre.

Dans cette extrémité nous résolûmes de tenter un dernier effort, et de travailler à former un nouveau radeau; mais, jusqu'aux escaliers, tout avait été employé à la construction du premier, et, malgré les plus exactes recherches, nous ne pûmes rien rassembler pour l'exécution de notre dessein.

Nous venions de renoncer à cette entreprise, lorsque tout-à-coup des cris de joie se firent entendre : c'étaient les embarcations. Il y en avait quatre, portées dans des chariots d'artillerie, qui s'avançaient sur la plage de toute la vîtessse des chevaux. En ce moment le feu du Pontal redoubla de vivacité, et bientôt un premier chariot fut renversé par un boulet, et le canot mis hors de service; un second donna dans une partie molle du terrain, et s'enfonça tellement qu'on fut obligé de l'abandonner.

Des quatre embarcations il n'en restait plus que deux, encore étaient-elles si petites que douze hommes seulement pouvaient entrer dans chacune. La crainte qu'il ne leur arrivât quelque nouveau malheur, fit que tout le monde se rassembla sur le bord du ponton pour être plus à portée de s'embarquer; et cet empressement pensa causer plus d'accidens qu'il n'en était arrivé jusqu'alors.

Les canots s'approchèrent enfin; ils apportaient des fusils et des cartouches. Tandis que les uns s'emparaient des armes, d'autres s'embarquaient, ou, plutôt, se précipitaient dans les chaloupes, avec si peu de ménagement qu'ils furent sur le point de les faire couler. En se perdant ils nous perdaient tous, car ces embarcations étaient les seules qu'on avait pu trouver sur la côte. Heureusement que quelques-uns de ces imprudens tombèrent dans la mer, et les canots profitèrent de cet instant pour s'éloigner. On retira les hommes tombés à l'eau, et le calme se rétablit.

Cependant les Anglais et les Espagnols ne ralentissaient pas leur feu; en moins d'une heure, il tomba soixante-seize bombes autour de nous, et l'une d'elles emporta une des bouteilles du ponton. Mais, malgré les nombreux voyages que les embarcations étaient obligées de faire, elles eurent le bonheur de ne recevoir aucune atteinte, et leur service continua avec toute la célérité que permettait une opération aussi difficile.

Pour moi, après avoir été témoin des divers évènemens qui se succédaient depuis seize heures, je trouvai, vers midi, une occasion favorable, et je descendis à terre, avec un sentiment qu'il serait impossible d'exprimer.

Nous quittions à peine le ponton, lorsqu'une bombe tomba au milieu, éclata dans l'entrepont, où elle tua quatre ou cinq officiers, et mit le feu en plusieurs endroits; quelques hommes tentèrent de l'étouffer avec des couvertures, mais ils le firent avec si peu de précaution que deux d'entre eux tombèrent dans le trou qu'ils voulaient boucher, et furent suffoqués par la fumée. Ce fut le dernier malheur qui arriva.

Grâce aux sous-officiers du génie qui conduisaient les canots, aucun accident ne troubla le débarquement, et nous n'eûmes à regretter que la perte d'une trentaine de nos camarades, qui avaient été tués pendant l'action.

Du côté de la terre, le spectacle qui s'offrait n'était pas moins digne d'exciter l'intérêt : les soldats venaient au-devant de nous, dans l'eau jusqu'à la ceinture, pour nous aider à débarquer; et lorsque nous faisions remarquer à ces braves gens le péril auquel ils s'exposaient, ils nous répondaient que la satisfaction d'avoir contribué à nous sauver était plus grande pour eux que la crainte des boulets.

Les soins les plus affectueux nous furent prodigués à notre arrivée, avec cette effusion et cette cordialité qui n'appartiennent qu'à des Français. Des tables avaient été dressées pour nous, et les cantinières des régimens se disputaient entre elles le plaisir de nous offrir gratuitement les vivres qu'elles possédaient.

Enfin, à trois heures, tout le monde était hors du ponton; et le dernier voyage qu'on fit à bord eut pour objet d'y mettre le feu.

La Vieille-Castille brûla sous les yeux des Espagnols et des Anglais, témoins du plus hardi projet que jamais prisonniers aient pu concevoir et exécuter.

FIN.

www.ingramcontent.com/pod-product-compliance
Ingram Content Group UK Ltd.
Pitfield, Milton Keynes, MK11 3LW, UK
UKHW020414220726
13923UKWH00004B/1938